우리는 그렇게 다정합니다

박나나 시집

시인동네 시인선 268

박나나 시집

우리는 그렇게 다정합니다

시인동네

시인의 말

눈을 뜨는 기도,
벽처럼 견고한 것이 물러났다.

무사히

나만의 속력으로
멀어진 것을 바라보면

낮은 어조의 리듬이 되었다.

길이 우거진 세상
방향을 잃지 않기로 한다.

2025년 12월
박나나

차례

제2부

제3부

제4부

제1부

꽃에 대한 예의

꽃에 대한 예의가 아니라고
걷자고 했다

그 말을 들었는지
한꺼번에 후르르 쏟아지는 풍경

해바라기가 그녀를 쓰다듬는다
그녀가 해바라기를 쓰다듬는다

희고 창백한 손가락에 감기는 초가을
꽃이 부르는 노래를
한 잎 한 잎 삼키고 있다

잘 나오지 않은 목소리로
노란 입술이 되었다

고개를 숙였지만
그녀는 돌아오지 않는다

우리는 피아노 위에서 저녁이 된다

시인의 무덤 앞에서 주워온 저녁

시린 말의 뼈

보인다

허기질수록 울창해지는 말의 뿌리
계단의 농도

본다

사람들마다 멜로디가 들어 있다
어디선가 마주한 적 있는
기울기
벼락같이 나타났다
점으로 사라지는 구절

깊이 본다

아이는 언덕을 단숨에 오르고
거꾸로 미끄럼틀을 탄다
숨이 목구멍까지 차오르는
맹그로브 나무
가파른 계단

건반이 튄다
버려진 지 오래된 고양이는
높은 도를 누른다
우리는 피아노 위에서 저녁이 된다

슐레밀의 그림자와 무엇들

책갈피 속에서 걸어 나온 슐레밀*
우리는 햇살을 받으며
네모반듯한 유리 정원을 향해 앉았다

그림자가 그림자에게 말을 건다
알아들을 수는 없지만
일그러진 표정을 짓는다

그림자를 팔고 후회하는 슐레밀을 읽는다

가면으로 덮었던 일그러진 얼굴
먼 곳에서 들려오는 동굴처럼 깊은 허밍
무엇들의 그림자를 만진다

물집처럼 고인 시간
응답으로 눈을 바라보고 있다

책에서 빠져나온다

슐레밀이 팔아버린 그림자를 찾을 수 없다

저기 그늘이 그림자를 끌고 걷는다

---

*아델베르트 폰 샤미소, 『그림자를 판 사나이』의 주인공 이름.

과자를 귀에 걸어두면

다섯 살 아이는 비 오는 날을 좋아한다
과자를 귀에 걸어두면 빗소리가 된다

해맑은 거짓말이 툭 튀어나올 때마다
여린 지느러미가 파닥인다

물푸레나무 우거진 습지를 걸으면
눈빛이 저절로 따뜻해질까

나를 딛고 상큼상큼 걸어가는 노래

조용한 물음 속에서
문장들이 하나둘 이어진다

아이가 가지고 놀던 안개를 돌린다
허리에 감기다 흘러내리는 사이
늪에 살던 내가 슬그머니 빠져나가고

아이가 남기고 간 웃음 부스러기들만
또렷하고 환해진다

과자를 귀에 걸어두고
아이는 팔랑팔랑 빗소리를 건너간다

구름이 부풀었다

첫 문장이 완성되었다

당황하던 얼굴은 삭제가 되지 않는다

꿈속에서 발목은 점점 자라나고
돌기 여린 뼈가 되었다
둥글게 만져지는 공기층을 뚫고
어딘가로 날아가는
울음과 울음 사이를 겨우 빠져나와
주위를 살핀다
그것은 버릇이 된 지 오래다
부서지기 쉬운 빛
진심과 거짓은 의미심장한 말을 남기고
머리에서 빠져나간다
종이처럼 구겨진 표정
스스로 열고 닫을 수 없는
여러 겹의 문 앞에 서 있다

가벼워진 오답이 조금씩 지워지고 있다

부끄러워서 숨고
숨어서 부끄러운

사과나무에 구름이 걸렸다
진동하는 입자가 과일만큼 커졌다

블랙의 목례

몇 달 전에 산 『이다음 봄에 우리는』을 꺼냈다 책장 세 번째 칸 중간에 꽂힌 시집, 검은색 표지다 조문 갈 때마다 V자로 파인 주름 원피스를 입는다 까끌까끌한 스카프도 두른다

가방에 시집을 넣고 집을 나선다 지난겨울 매달아둔 방울이 그대로 있다 미금 마을버스를 기다리며 시집을 펼친다 그 겨울은 누구의 장례였나, 1부의 제목이다 내가 타고 있던 계절, 조카를 바다에 묻고 돌아오던 날 마주한 벽은 흙투성이였다

4호선 지하철 안, 옆에 앉은 소녀가 검은 고양이를 검색한다 새로 산 운동화, 매니큐어를 칠한 손가락이 휴대폰의 담장을 뛰어오른다 원피스 입은 내가 거기에 있다 소녀가 이곳을 바라본다 나는 소녀를 본다 소녀는 캄캄하다

장례식장을 나오는데 상복의 여자는 다소곳이 목례를 한다

바나나 시클리드

아프지 않은 문양을 가졌어요 물의 곡선을 따라 늘 분주하답니다 가라앉아 있던 노란 꽃이 피어오르고 있네요 농담이 익어가는 거실 저편에서 웃음들이 일어서면 말라위 호수를 상상한답니다 가끔 긴 물구나무를 서기도 해요 언제나 노래를 부르고 싶네요 지금 바람이 어둠을 지나치고 있나요? 활처럼 휘어 아름다운 그늘을 만들고 싶어요 밤과 아침을 열고 닫는 소리를 즐겨 듣는답니다 따뜻한 말이 이어지고 있네요 달싹이는 입술은 더 부드럽고 선명해져요 오늘은 까만 눈을 깜박이고 있어요 그 사람은 머그잔을 앞에 두고 무슨 할 말이 그렇게도 많을까요?

새의 모양을 하고

풍경을 꺼내려고 눈이 온다

하얀 장면 속으로 들어간다
네가 지워지지 않아
잊었던 문장에 밑줄을 긋는다

눈송이에 따라 가지는 옮겨 다니고
조금씩 묻어나는 새는 파르스름하다

치명적인 얼굴
그가 바람에 날리는 걸 본다

점점이 찍힌 가지의 무늬
시린 새의 몸을 가졌다

겨울 한가운데로 사선을 그으며
첫눈은 태어나고
덮이는 자리가 또 덮인다

윤곽만 남은 그 자리
하얀게
낯설게

오르골

당신이 누워 있는 요양병원
휘어진 등 밑에

말더듬이가 되어버린 혀
감춰둔 말이 조금씩 새어 나오고 있다

가끔 창가의 오르골 태엽을 감는다
당신은 오래전에 도착한 편지처럼 누워 있다

희미해진다
어두워진다
흘러내린다

마지막 목소리가 녹아내리자
문을 닫는다

구름이 날개를 덮는다

보이지 않았다
아직도, 한 번도 닿을 수 없는 거리가
나타나지 않았다

오르골 소리는 더는 나지 않았다

절박한 질문

축축한 입꼬리에 돌을 던졌다
통통 튀는 기포처럼 흔들리는 수평
출처가 불분명한
공격은 마지막 문장 같다
춤추는 질문을 마주한 기분은
축제처럼 화사하고 명랑했다
화석 사이를 떠돌던
나비 한 마리 신화의 무늬를 따라 맴돈다
까마득히 잊힌 눈금들
깊이를 알 수가 없다
저녁을 만지던 메아리는 무럭무럭 자라고
서쪽에 시커먼 딱지가 앉았다
당신이 태어난 자리에는
누가 베어먹은 어둠이 놓여 있다
늙은 풍경이
절박한 질문 속에서
대를 밀어 올린다

흙바닥

아무 말이 없다
석연찮은 뼈 사이로 풀어헤친 저 뒷모습
입의 동굴에서
꽃송이 한 방울씩 말라가는데
땅에 묻힌 당신의 목소리는
신화처럼 사라진다
마지막 통증을 뱉어버리자
누운 얼굴이 딱딱하다
아흔 번의 날갯짓을 마치고
벌새가 썩은 창문에 매달린다
새벽은 지금도 흑마술을 건다
예배에 묶인 사람들
아기를 흉내 내는 고양이
모두 일그러진 시간을 통과하고 있다
세상은 바닥을 친다
못이 탕탕탕, 박힌다

손톱

화분에 버려요

밤마다 손톱을 잘라요
모니터를 켜고 책상 앞에 앉아
우박처럼 태어나는 문장 주변을 서성거려요

위태로운 단어가 떨어지고
어설픈 문장은 뒤쪽으로 밀려나네요
너무 단단하거나 가벼운 수식어는
순식간에 부서져요

잘게 쪼개진 조각은
스며들기도 박히기도 모여들기도 하지요

가끔 팽나무 그늘을 찾아 집을 나가기도 해요
박힌 옹이를 어루만지면 손끝이 떨려요
바닥에 등을 누이고 잘 수 없는 그 밤에

차가운 손톱을 다듬어요
주저앉힌 슬픔은 가만히 놓아줘요

붉은 멍이 피어나네요
부드러운 바늘이 돋아나네요
화분에서 굽은 글자들이 자라네요

누군가 툭툭 쳤다

사람들은 수증기를 만들어 팔고
날카로운 발톱을 다듬었다

죽은 돈벌레를 치우며
소독이 잘 되겠다고 좋아했다

엄마가 낡은 그랜드 피아노 방에서
나가 있으면 돌보겠다고 말한다

주어와 목적어도 없이

재생 버튼을 누르면
음악과 화면이 나왔다

왼쪽은 봄을 닮았고 오른쪽은 짙은 겨울이었다

트램펄린,
그 위에서 계절이 점프를 했다

변주된 곡조였다가
다시 도미노처럼 미끄러지는 저녁이 되고
둥둥 떠 있었다

발바닥의 파동을 느끼며 눈을 떴다

파랑

달개비꽃은 바다를 바라보고 있다

물속 깊이를 다 알겠다는
눈빛으로

달개비의 푸르스름한 입술에
해풍이 몰려와 앉는다

밀려갔던 곳에서부터 또 밀려오기를 반복한다

밤새도록 수면을 문지르고 있었던 가려움이다

여러 번 죽음을 경험한 듯
안간힘으로
달개비는 여전히 바다를 붙들고 있다

제2부

그림자

낙관주의자 하나가 빠져나간다

간직하고 있던 모서리가 뿔이 되려다 멈춘다
뒤집어도 흰빛은 돌아오지 않는다

달이다!
주름투성이 필레몬*의 목소리를 들을 수 있겠지
상처 없는 목소리
막 허물을 벗는 순간이 올 거야

오늘의 기분은 창가에 놓인 꽃다발
부드럽고 달달한 슈크림

빨간 제라늄 꽃잎이 흔들린다
점점 투명해진다

당신이 선명해진다

---

* 미하엘 엔데, 『주름쟁이 필레몬』에 등장하는 인물.

농담은 농담일 뿐

부러진 낱말들이 들끓었다
장난인 듯, 진담인 듯

귀를 파고드는 가려움증
파지처럼 가벼운 입술에서
언뜻언뜻 되살아나는

말, 말, 말들이 또 다른 말을 만나 알을 낳고 새끼를 치는
이 이상한 나라를 나는 농담이라 부를까

시간이 줄지어 일어서며
마법이 풀린 모서리는 피곤한 독설이 되기도 하고
의문부호로 나란히 누워 있기도 한다

농담은 농담일 뿐
그대로 받아들이지 못하는
고집스러운 입안으로 날벌레들 날아든다

아린 점들이 여럿 박힌다

웃음은 식어 비틀어지고
농담은 차갑게 돋아난다

목소리의 행렬

떼어내려고 안간힘 쓰는데
어젯밤 꿈을 삼켜버렸다

뱉어낸 소문들이
발목을 물어뜯고 있었다

잡아 죽이려고 하는데
부풀었다 터지는 말의 입자들

고개를 들고 바라본 흐린 하늘
엉킨 구름들은 옹이가 되었다

툭툭 불거진 굳은 흉터에서
일그러진 목소리가 들렸다

소문에 기대지 마세요
개미들이 몸에 옮겨붙을 수 있어요

유령의 행렬 속으로 목소리가 사라진다

낡은 비밀이 일렁인다
나비는 그 자리에서 비틀거린다

긁어도 긁어도 가려운 말들

밤의 자세

손에 감기지 않은 물방울들이 날아간다
몽롱한 눈으로 얼어붙은 꽃병을 만지고 싶지만
밤의 자세는 기우뚱하다

방이라는 찢어진 종이에 새벽이 붙어 있다
나는 안에 고이고
비는 바깥에 갇힌다

바람은 없다

입안에 남은 새들을 날려 보내자
아름다운 말도 함께 날아간다

미로를 통과하고 미로에 갇힌다

네모반듯한 창
개 짖는 소리가 들어오지 않는다
눈 푸른 고양이도 넘어오지 않는다

사람들이 숨는다

찢어버린 종이 위에서 표류한다

꽃잎감옥

나는 원형감옥에 갇혔다
비닐봉지와 엉성한 그림자들과 노을에
선 밖으로 나가는 건 부스럼을 키우는 일
집요한 원을 밀어내는 밤
다른 행성으로 떠날 채비를 한다
거기서 뭐 하세요
해독할 수 없는 목소리가 신성한 구역을 넘어온다
물음은 일종의 꽃이기도 하겠으나
나는 그 껍데기를 받을 수 없다
한 발자국이 지나가고 또 쏟아지고
다른 발자국이 포개지고
날개를 파닥거리며 열매를 주워 나르는
사람들이 불온한 눈빛을 보낸다
공기방울처럼 가벼운 새가 날아온다
우리들의 잠긴 해와 아침을 건너
꿈속에서 나는 넘어진다
둥근 꽃에도 뼈는 있다

배추흰나비를 따라

마당에 풀 뽑아야 한다며
삼십 년 전 배추밭에 두고 온 호미 가지러 가신
할머니

배추흰나비를 따라
배추꽃 속으로 들어가신다

찢어진 그림자 사이로 바람이 툭 치고 지나가니
꽃잎이 떨어진다

오래 열어둔 귀

꽃잎 푹푹 삶아 먹으면
다시 일어난다 하시더니
슬그머니 떠나신다

배추꽃 귀 하나 오래오래 열어두고

도도한 숫자

벽시계를 떼어낸다

발레리나와 피아노 치는 여자가
벽에서 나온다

발레리나는 공중을 떠다니고
피아니스트는 성벽을 기어오르는
음표들을 키운다

죽은 시간을 물고 밤이 점점 살아난다

허물어진 채로 놓인 책
방 안 구석구석 초침이 쌓인다
일정한 두께와 크기로

크기가 먼저 무너진다
스물, 서른, 여든, 아흔아홉, 이백 하나……
밤의 내부를 향해 몰려오는 걸음

어둠이 벽을 타고 추락한다
휘어진 한쪽 옆구리가 흘러내린다

무덤처럼 깊은 벽
질겨지는 풀

바닥에 가라앉은 것들이 고개를 쳐든다
내장을 꺼내 들고 투명해진다

젤라또

꽃복숭아나무 아래 여자가 서 있다
여자는 떨어진 꽃잎을 먹는다
붉은 가슴을 먹는다

나비가 날아간다
나비야 나비야

어지럽게 팔랑인다
꽃잎 한 장이 떨어진다
사방이 조용하다

여자는 꽃받침 속으로 들어간다
가만히 눕는다

언덕을 오른다
둥둥 떠다닌다
저렇게 가벼운 풍경이 또 있을까

한 장면이 사라지면
한 장면이 살아난다

파먹힌 줄거리들
뜯긴 숲
녹아내리는 요일

여자가 내민 손에
떠먹다 남은 젤라또가 들려 있다

늦봄

무늬박이제비나비
어린 채송화 가슴에 얼굴을 묻는다
꽃의 내부로
깨어진 휘파람

그들은 충분히 따뜻했을까

동이 튼 아침
고개 드는 안개는 캄캄하다

바람 지나가고 꽃 모가지 붉어진다
흔들리지 않으려고 나비가 흔들린다

묘지처럼 쌓인 말들을 두고
흩어지는 사람들

시작은 늘 안개와 함께 왔다
푸르스름한 빛으로 슬그머니 날아들었다

꽃과 나비와 빛과 남겨진 말이
안개와 함께 달아난다

지친 봄이 웃고 있다

후유증

향기를 맡을 수 없다

열꽃이 시들 무렵 얼굴은 하얗게 변했다

어떤 사연이 바닥에 낮게 엎드려 있다
어떤 소식이 천장에 가물가물 떠 있다

지는 저녁에서
피는 아침까지
우리는 서둘러 가라앉았지

꽃잎이 갈라진다
파편들은 조금씩 제 살을 뚫고 들어간다
칸칸마다 낯설다

병을 잠깐 건넜을 뿐인데
그새 꽃이 진다

넌 그런 적 있니

점점 캄캄해지더니 장대비가 쏟아졌어

꽃망울이 입술을 열기 시작했어 오가며 지켜보았지 그곳에 남겨두기 아쉬웠던 꽃, 겹벚꽃이었어 낯선 곳에서 그렇게 설레어보기는 처음이야 넌 그런 적 있니

아찔한 높이였어 나무는 밑동만 남기고 다 베어졌지 뿌리에 병이 들었다는 거야 울음 몇 가지 꺾어 와 화병에 담았지 집 안이 환해졌지 넌 그런 적 있니

요술가위미용실 크린토피아세탁소 빵꾸똥꾸문방구야 반찬만드는남자네 정다운 곳을 지나면서 기분이 풀렸어 편한 마음으로 밥을 먹을 수 있었어 넌 그런 적 있니

가끔은 헤르타 뮐러의 어머니처럼 아무에게나 벚꽃 무늬 손수건 있니? 하고 묻고 싶어 넌 그런 적 있니

가시는 장미의 발톱

아침은 화병에 꽂을 수 없다

유리창에 서리가 있다
죽음을 곁에 둔다

꽃이 질 때 꽃말도 사라진다

그가 말했다
장미에도 가시가 있습니다

화려한 장신구가 몸에서 달아난다
털어내고 싶은 이파리

찻잔에 그려진 얼룩말
꽃잎을 밟으며 달려 나갔다

뾰족한 발톱을 다듬으며
꽃송이는 야위어 간다

나는 떨어진 얼굴을 주우려고
무릎을 꿇는다

가끔 피를 흘리는 눈코입

장미 발가락에도 가시가 있다
빼내도 빼내도 자꾸 돋아나는

화분은 조용하고

이름이 하나씩 겨울 화분 속으로 사라진다

다발로 묶여 있던 사람들

비밀을 쏟기도 하고
단호한 눈빛으로 날아가기도 한다

느낌표와 물음표 사이 바람이 일자
여기저기 소리가 번식한다

구름은 꼬리를 물고 돌다가 불완전한 소문이 커져
짐승이 된다

쓸쓸한 표정을 지우고
꽃다발 하나 품에 안겨준다

손을 뻗으면
휘파람이 깨어난다

크고 어두운 것을 재우는 자장가

그새
둥글어지겠다

겨울 화분은 조용하고

딱딱한 입술

말에게 돌을 던질 수는 없었다

입속에 맺힌 싹들이 탔지만
살구나무의 표면에
쭈글거리는 불이 번졌다

부르튼 나무의 외벽에는
일출과 일몰이
피고 지고

무당벌레가 우르르 쏟아진다
혀 밑에 끼워둔 가려움이 멈추지 않는
이미 사이에서

산 자와 죽은 자를 위한 기도

다소 딱딱한 하루가
생각을 찌른다

제3부

발레리나와 고양이

우리의 춤은 아직 유효합니다

숨이 살갗을 스칩니다
여름의 숨구멍 열어 점프를 합니다
모호한 시간을 견딥니다

잠깐 숨죽인 창문을 거미줄이 가렸습니다
시야가 흐려집니다
발랄한 현기증이 찾아옵니다

고양이와 함께 무대를 만들려던 발레리나는
웃음이 터졌습니다

서로의 매끈한 허리를 빙빙 돕니다

우리는 그렇게 다정합니다

휴일

원숭이꼬리선인장 붉은 반점이 갈색으로 바뀌고 있다

너는 지금
수족관의 네온블루턱시도 구피처럼 움직이고
나는 시들시들한 꽃대를 타고 태어난
선인장 꽃을 바라보고 있다

강에서 주워 온 돌 속에
태아처럼 웅크리고 있는 아이
서랍처럼 닫혀 있는 표정
안개가 흐른다

무겁고 가벼운 휴일이 간다

물병의 물은 한 모금도 마시지 않았다
산책은 무거웠다
비가 내리고
우산은 써도 안 써도 그만이었다

몇몇이 비옷을 입고 흙길을 걷고 있다

산책보다 무거운 목각인형이 걸어간다
패잔병이 되어 지나간다

빗물에 온몸을 떠는 푸른 이끼

드라이플라워 1

벽에 매달린 한 다발의 장미
붉은 피가 쏟아진다

자장가 속으로 졸음이 빨려 들어가듯
불우한 꽃잎은
햇살 반대편에서 말라가고 있다

나비 한 마리 찾아들지 않는다

비명처럼 이글거리던 정오
혓바닥을 날름대던 바다

늙어버린 꽃다발

나는 선인장을 통과하여
사막이 원하는 방향으로 부드럽게 뒤척였다
중력으로부터 휘어지거나 멀어지지 않았다

모래로 남은 꽃의 뼈
필사적으로 빠져나가는 빛

죽었던 바다가 살아났다고 한다
하얀 꽃을 머리에 이고 돌아왔다고 한다

드라이플라워 2

젖은 햇빛으로 우산을 말린다

나무 탁자에 앉아 있던 그가
일어나 창가에 붙는다
흐트러진 눈발
휘날리는 무질서

장미는 넝쿨인데 여자는 죽었어
그는 우울의 뒷면과 하늘을 번갈아 보며
가버린 저녁에 대해 말하고

코트 주머니에 집어넣던 침묵과
그 겨울을
우리는 사랑했다

익선동 카페에서 바스러지는 사람을 보았다
비밀이 없는 사람은 하얗게 질렸다

창가의 질문과 눈송이를
두 손으로 받던 그는

벽난로에서 타오르는 불꽃을 지켜본다
죽은 꽃들은 부르르 몸을 떤다

마지막 눈이 왔고
한 송이 가벼운 선물이 왔다

푸른 얼음

신이 자취를 감춘 사막과
발소리마저 빠져나가지 못한 밀림과
매섭게 눈을 뜬 크레바스

길고 뜨겁게 울고 싶은 날에도
입 꾹 다물고 늙어가는 겨울

눈 날리는 새벽은
주저앉을 일이 많은 바닥에서
소용돌이를 견딘다

단단히 굳은 주름은
한 생을 살아냈다는 표지석

푸른 얼음처럼
당신은 아름답고도 무서웠다

낙관의 비관

남자의 시선이 머무는 지점은 바닥이다

울퉁불퉁한 오후를 신발이 밟고 지나간다

훨훨 날고 싶은 기분으로 소리를 다 긁어모은다

굳은살 박인 의식은 누구를 향한 종교일까

신의 해답을 듣는 중일까

등판 위에 낙관이 찍힌다

두 발로 세상을 더듬는다

신도 단단하게 엎드린 적이 있다

이상한 나라

구름은 비가 되기도 하고
비는 여자가 되기도 한다

이상한 나라를 무엇이라고 이름 붙일까

무거운 계단을 오르고 수많은 벽을 지나
비의 뿌리를 가진 이끼를 만난다

떡갈나무보다 더 강한 여자는
아이가 태어나던 푸른 밤을 기억한다

오늘 밤,
보이지 않는 인기척을, 깊은 숲에서 잃어버린 입김을
잡히지 않는 어지러운 질문을
망가진 시계에서 조각난 시간을
비바람을 따라 흔들리는 나이테를
돌돌 말려 있는 소문을
허물어져 가는 저녁을 떨어뜨린다

떡갈나무는 벼랑으로 변한다
여자의 입에서 뭉개진 발음이 둥둥 떠다닌다

오래된 구름은
식탁에서 썩은 사과가 된다

물고기 인간

나는 엎드린 죽음이에요

젖은 눈으로 아침마다 헤엄쳐 가요

물살은 걷잡을 수 없이 팽팽해지고
분류되지 않은 이름으로
조용히 가라앉아요

구름무늬가 접혀 있어요
수많은 풍경이 지나가고 있어요

한 사람이 열리면 한 사람이 닫히는 회전문이 보여요

토막 난 언어들이 가볍게 살랑이는
이 바닥은 차갑고요

두려움도 번지고 번져서
날개처럼 가벼워질지도 몰라요

쉴 사이 없는 조류를 타고 있어요
그늘 너머를 내다보고 싶어요

바닥에 납작 엎드려
식어가고요

죽·은·잎

돌아오는 길을 잃어버렸다

커피는 멋진 곳에서 마셔야 한다고 누군가 말했다
하늘이 바다로 보이는 하얀 건물
헤겔의 집이라고 했다

기이한 꽃이 피었다
나무 이름을 여러 번 물었고
사람들의 대답은 귀에 들리지 않았다

진공관 속 물고기
입만 뻐끔거리는,

한 여자가 정원 구석구석을 돌며 공깃돌을 숨기고 있다

바람이 세차게 불었다
사람들이 떠난다

스마트폰에 적힌 이름은 지워지지 않았다
술래는 영·구·적·으·로·죽·은·잎이라고 중얼거렸다

길 위에서 동서남북을 잃어버렸다

몸이 오싹했다
정원이 눈을 떴다

가벼운 너

풍선인형이 지하철을 탄다
그가 손잡이를 단단히 잡는다
휘젓는 팔과 휘감기는 허리
차창에 튕기는 길고 미끄러운 소용돌이
풀어놓은 뱀처럼 차갑다
중력은 인형의 허리를 잡아당기더니
마침내 바닥에 내팽개친다
술 취한 남자, 눈꺼풀을 풀고
소리 나는 쪽을 바라본다
레이스 원피스의 여자 화들짝 뒤를 돌아본다
퇴근 시간에는 인형이 더 늘어난다
소년들은 돌풍을 따라 어디론가 날아가고
소녀들은 방향 없이 떠밀려가고
노인들은 부풀지 못하고
실업자는 곪은 곳에 붙인 유리 테이프를 만지며 가벼워진다
아무 일 없었다는 듯 풍선은 춤을 춘다
바람 한 점 없이 출렁이는,
이리저리 꺾이는 풍선

놓쳐버린 악보

눈물을 흘렸어요
마디마디 잡히는 공중 뿌리는 하얗게 마르고
움켜쥔 손아귀가 풀리는 날
피아노 소리를 따라 선을 그었지요
음악은 유연성이 있어요
궤도를 벗어날 듯 걷잡을 수 없는 청력
금세 사라질 새벽을 연주하려고 해요
꼬리를 물고 이어지는 발화
잘려나간 조각을 이어 볼까요
단순하고 우스운 모양새
사라진 이름으로 따끔거리는 혀
허를 찔린 도돌이표가 부서지네요
놓아주고 싶었어요
알 수 없는 일들이 일어나네요
노래하던 기도를 자르고 싶네요
의지하고 있던 뼈가 바닥에 닿는 소리
차갑게 엎드리고 싶은 건
신을 향한 가장 정결한 제 마음이에요

방은 꼭 사각이어야 하나

인터폰이 울린다

휴대폰을 들여다보고 있다
나뭇잎을 떼어내기 위해 조용하고 반듯하게 앉아서
그늘과 바람과 햇빛이 눈짓을 보내면 더욱 선명해지는 장미

인터폰 소리를 들으면서도 일어나지 않는다
나는 가시에 붙어 있는 잎사귀다

문을 열어주지 않는다며
죽은 여자가 죽은 남자에게 달려든다
넓고 긴 사각의 방
방은 꼭 사각이어야 하나

아기 울음이 자라나 사각으로 누워 있다가 잠드는,
모서리를 가진 사람이 생활하는

죽은 남자가 또 죽을 수도 있겠다고 생각하며

죽을힘을 다해 여자를 밀쳐낸다

휴대폰은 전생과 연관성이 많다
티끌 하나 없는 무덤 안에서 살고 있는 사람
무덤 안에는 꽃씨 하나 떨어지지 않는다

인터폰이 계속 울린다

틈

작은 돌이 촘촘 박혀 있다
좁은 벽 사이에 기도 하나 넣어두는 손
떨림이 만드는 아침과 저녁

저기 주술을 걸어둔 어떤 마음이 있어
햇빛이 들여다보며 잠시 흔들리겠다
가끔은 목숨이 떨어지기도 하겠다

틈에서 태어나고 자란 것은
가끔 새파랗게 걸어 나온다

피가 나도록 긁어도 가려운 것이 목숨이다
틈에 다가가 날카로운 돌을 찔러 넣는다
환하게 아프다

사람과 사람 사이에 숨기도 하고
슬그머니 그 사이에서 빠져나오기도 한다

가만히 박혀 있기도 하고
조용히 옮겨지기도 하는

죽은 듯 살아 있는
카이로스

유리벽의 쥐

부스럭거리는 소리가 들린다
투명한 벽 앞에서 아무것도 보이지 않는다
요술을 부리며 서랍 속을 들락거린다

벽으로 들어간 사람들
버튼은 누르지 않았다고 한다

투명에 숨고 실금을 실어 나르고
신앙을 내려놓지 못한다
실에 매달려 조종되는 종이인형
유리벽 안에서의 무언극
유리벽이 깨진다

은신처를 잃은 쥐새끼들이 쏟아져 나온다
한 마리 두 마리 세 마리
꼬리를 물고 달아나는 새까만 쥐
뇌는 수명을 마친다

제4부

너를 끊어내야 해

손에 손을 포개고
가만히 있는 시간이 필요해

말을 시작하면 돼, 꼭 해야 하는 말, 나지막이 들려주는 말,
해답을 쥐여주는 말, 지그시 깨물다 천천히 내미는 말

엉킨 실은 끊어내면 그만이야
엉켰다가 이어지는
실뜨기의 감정

나무젓가락으로 물고기를 건져 올리지

나란히 달리다가 갈라져 그물망 속으로 엮여 들어가기도 해

감겼다 풀렸다
오므렸다 펼쳤다가

이 세계의 진지함은 너무 오래되었어

달과 무녀와 훌라후프

밤을 돌린다

아이가 훌라후프를 통해
거꾸로 된 세상을 본다
달의 궤도가 훅 치고 들어온다

보얗게 살이 오른다
꼬리를 물고 뽑혀 나오는 엉겅퀴 뿌리에도
주파수를 맞추려고
가시 곁에서 손톱을 키운다

방울을 흔드는 무녀처럼
작두에 베일지도 모른다는 생각은 하지 않았다

추락할 듯
솟구칠 듯
눈앞에서 어른거리는

무복 속에서 팽팽히 당겨진
밀도와 중력으로 불안한 암호

저, 혀는 누구의 것일까

하루쯤은 가벼웠다고 할 수 있다
사주를 돌리다 보면 좋은 일이 생기기도 한다니까

훼손되지 않을 이유를 물고
달은 또
오늘을 돌린다

각진 매듭으로부터

작은 상자도 곧 집어삼킬 것이다

중장비가 지나간 자리에는 고유번호처럼
불편한 진실이 있다

진열장을 벗어난 골판지를 들추고
찔러보고 냄새를 맡고
햇볕의 방향을 따라 돌려본다

그가 남긴 유품은
꽁꽁 싸맨 연대기와 함께 역사 속으로 숨어들었다

우리와
무관하지 않은

가끔 놀랐던 생
매듭에는 까맣게 타들어 가는
이끼가 앉아 있다

신이 다녀간 자리
누군가는 눈물을 말리는 중이다

오선지 사이에 음표를 끼워 넣으면 레퀴엠이 나올까
입술을 말아 묶는다

낯익은 상자가
유독 슬퍼 보였다

엎드린 잠

악몽은 예정된 암시였다

현관문이 열리고 한 남자가 들어서자
집이 통째로 흔들렸다

비밀 아닌 비밀이 흔들리고
순수한 목소리가 무너지고
발밑에는 갓 태어난 진동이 기어다닌다

수수께끼 같은 시선, 벌써 이음새가 뜯겼다
마구 흩어지는 조립 인형

엉킨 벽지 무늬는 여전히 어지럽고
유리창에 햇살이 튄다

소중한 인형은
서랍에 갇혀 있다

암호처럼 차가워서 눈부시게 빛나는 것

눈에서 새어 나오는 물이라 그런지
날 선 것들은 낯선 것이 된다

망가진 것들을 피워내기 위해
꽃무늬 담요를 몸에 두르고 잠을 자야겠다

지금은 여름 바깥
안반데기의 밤처럼 가만히 엎드린다

무관심

수분이 빠지고 주름이 퍼져나간다

해부할 의도는 없었지만
양미간을 찌푸린 후에야 진한 눈물을 만졌다

가파른 고개를 거쳐 레몬은 왜 더 단단해지는 것일까

미동도 없던 향기는
악취를 끌고 긴 문장으로 달려나왔다

얼굴을 돌린 채 한 뼘씩 벌어지는 틈새로
고요한 소요가 일렁이곤 했다

무관심은
무참한 것

신맛을 잃어버린
우리는 오늘도 돌처럼 단단해진다

뜨거운 지점

무지개는 부풀어 오르다가 사라진다

케이크와 야위어 가는 슈크림
태풍이 유령처럼 휘감다 달아난다
수천 겹의 목소리

유리벽에 들러붙은 새
태양의 발톱은 뜨겁다
불타는 벽을 밀어낸다

낡은 비밀처럼 얽혀 있는
화분에는 바람이 머물지 않는다
호야꽃 아슬아슬 혀가 타들어 간다

뜨거운 모래 무덤에 파묻혀
눈사람에게서 흘러나오는 발음

블랙홀

눈을 뜨고 한 발 디뎠을 뿐인데
비밀처럼 길을 잃고 말았다

죄들이 숨어 있는 바닥 한가운데서
어둠에 갇히곤 했다
그럴 때마다 벽이 높았다

눈을 감으면
끝을 알 수 없는 블랙홀에서 빠져나온
빛의 산란

불꽃이 꼬리를 태우며 치솟거나
푸르스름한 별들이 깨어지거나
젖은 꽃잎들이 흩어지거나

차가운 것과 찾아온 것
쓸쓸한 것과 말랑말랑한 것
시퍼런 것과 가물거리는 것

멀리 달아나기도 하고
넘어지지 않으려 서로 섞이기도 한다

어둠을 콕콕 찍고 가는
흰 지팡이 소리
파랗게 튀는 불꽃이 좋아서 용접공이 된
청년의 눈

엉킨 생각들이 풀어지며
어둠 속에서 어둠은 살아난다

이제부터 우기가 시작되겠습니다

사람들은 저마다 긴 우산을 가지고 걷는다

먹구름이 증식한다
우비 파는 아저씨의 목소리가 홍건하다

준비된 퍼포먼스는 일사불란,
사라지고 떠오르고 나타났다 또
흘러내리는 걸음
미술관 옆 카페에는
인맥 한 장이 접혀 있다

양지를 빨아먹고 자란 환한 것들
텃밭, 장화, 노란색, 반 고흐, 사이프러스, 황금측백나무
절망의 높이가 무너지고
담 아래 아이들 목소리가 흩어진다

물안개처럼 떠도는 단어
당신이 꿈결인 듯 내게 들어올 때

비의 모양이 막 바뀐다
파장만 우리와 함께 앉아 있다

오래전,
창밖을 내다보며 진심을 살피던 목소리
어느새 사선을 그어대고 있다

이제부터 우기가 시작되겠습니다

번개가 지나갈 때

피 한 방울 흘리지 않은 죽음을 본다

베어진 자리에 남겨진 흉터
말라가는 나무의 뼈

아직 멀리 가지 못한 벚나무 영혼이 있다는 듯
한 잎 꽃은 그늘 안쪽에서 움직이지 않는다

간신히 답을 찾던
그늘의 처방을 만난 적이 있어서,

봄을 넘어 먼 길을 돌아온 빗방울이든
새가 서쪽 끝까지 그어놓은 포물선이든

모든 이야기가 썩어 문드러질 때까지
하늘은 나무를 붙들고 있다

오늘은 나이테를 본다

부끄러운 기도

엄마 고맙습니다
손등이 툭툭 불거집니다
살갗을 파고 들어간
지렁이들이 꿈틀대기 시작합니다
죽은 듯 살아 있던 이름,
나는 곧 두 손으로 어둠을 모읍니다
시간이 없습니다
부끄러운 기도를 하며
빗소리 퍼지는 걸 잠깐 들었습니다
형체는 흐트러지고
얼굴은 보이지 않습니다
뭉크의 그림을 떠올려야 할까요
지워버린 손톱,
해야 할 일이 남았습니다
다섯 가닥으로 흩어진 궤도
나는 나로부터 점점 멀어집니다
엄마
안녕, 안녕

빗소리를 따라갔다

모래섬이 떠오를 때 소식을 들었다

그는 늘 고요했고
해가 거듭될수록 투명해졌다

뒤집힌 계단처럼 굳어 있던 눈
마지막 기운을 다해 달싹이는 입술

말의 반쪽을 잃어버린 채
모래섬을 붙잡고 빠져나오려고 했다

냉동 서랍 속 얼굴

빗소리를 들으면 잠을 잘 잔다는 그가
열어두었던 귀를 닫아걸었다

나는 비가 쏟아지는 방향을 향해 걸음을 옮겼다

자신의 무게만큼
빗방울은 어디로든 흘러간다

국화꽃으로 촛불을 끈다
우리는 수묵화처럼 웃으며 사진을 찍었다

거짓 음률이 피었다

정원에 앉아 생각한다

축축한 기운은 어디서부터 시작되었을까
반짝거리는 슬픔

빗소리가 커진다

젖은 그림자를 지워나가는
생략되고 쪼개진 발음은
무성한 채 닫혀 있다

숭숭 뚫린 낙서
멈추지 않은 수수께끼
들킨 줄도 모르고 빠져나가는 퍼즐 조각

괄호를 열고 괄호를 닫는다

푸른 수국을 두 손으로 꽉 쥐면

열꽃이 핀다

차갑게 도망친 기도는
루머의 한가운데를 지나간다

불량한 균열을 뚫고

마지막을 빛내는 고백처럼
허밍이 높아진다

다짐

순한 길을 걷겠다고 다짐했다
하나도 시들지 않기를 바라며

흐트러진 가시가 되고 싶어
사이사이 붙어 있는
통증을 누르기도 했다

발목에 힘이 빠질수록
힘줄은 불거지고

여름이 가는데
가을을 미처 생각하지 못했다

비릿한 아픔 같은 것이
화살나무 아래 수두룩했다

해설

파편적인 내면의 풍경과 마주하기

이송희(시인)

1.

어둠은 박나나의 시집 곳곳에서 손을 흔들며 말을 삼킨다. 블랙으로 칠해진 밤, 흘러내리는 죽음의 조각, 부서지거나 흩어진 단어들이 시선을 끈다. 시인은 언어를 단순한 의미 전달의 도구로 사용하지 않는다. 대신 내면의 그림자와 감각, 삶과 죽음 사이를 연결하는 매개체로 삼아, 보이지 않는 풍경을 언어와 감각의 틈새로 불러내고 우리를 그 어둠 속으로 끌어들인다. "축축한 입꼬리에 돌을 던졌다"(「절박한 질문」)와 같은 표현에서 볼 수 있듯, 감정과 생각은 단단하거나 가벼운 요소로 구분되지 않고, 공기 중으로 튀어 오르듯 불안정하게 흔들린다. 들뢰즈와 가타리가 말한 리좀적 연결처럼, 감정과 언어가 고정되지 않고 서로 얽히며 새로운 의미를 만들어내는 과정을 보여준다. 빗소리가 커지고 젖은 그림자를 지우며 "생략되고 쪼개진 발음은/무성한 채 닫혀 있다"(「거짓 음률이 피었다」). 이는 언어가 단순한 의사소통을 넘어, 메를로퐁티가 강조한 감각과 몸을 통해 세계를 지각하는 장치임을 드러낸다.

박나나의 시는 일상적 사물과 장면을 내면 풍경과 정교하게 연결한다. "푸른 수국을 두 손으로 꽉 쥐면/열꽃이 핀다"(「거짓 음률이 피었다」)거나 "벽시계를 떼어"내자 벽에서 "발레리나와 피아노 치는 여자가/벽에서 나온다"(「도도한 숫자」)는 이미지는, 일상의 사소한 경험이 상상과 감각을 통해 비약하며 내적 생명을 얻는 과정을 보여준다. 의미가 고정되지 않고 계속 확대 재생산되는 시적 경험은 리좀적 사고로써 여러 층위의 연결과 확장을 감각하게 한다. 시집 전반에는 희망과 불안, 낙관과 비관이 공존하는 내면 풍경이 반복된다. 시인은 현실의 무거움과 불안을 견디며 자신을 조심스럽게 움직이는 인간의 모습을 담는다. 시적 장치는 감정과 기억을 시각적·청각적 이미지로 전환하며, 부서지고 흩어진 생각과 느낌이 새로운 생명과 의미로 피어나는 과정을 담아낸다. 이러한 과정을 통해 우리는 언어의 불완전성과 동시에 그것이 만들어내는 미묘한 울림을 경험하게 된다. 박나나는 어둠 속에서 말을 주워 담고, 사라져가는 존재와 감각을 기록한다. 무덤 앞, 요양병원, 장례식장 등 삶과 죽음이 맞닿는 장소에서 시인은 사라진 목소리와 희미한 울림을 따라간다. 말과 소리, 이미지가 겹쳐 만들어내는 저녁과 블랙의 순간은, 내면과 기억이 어둠 속에서 살아나는 장면을 담는다.

> 깊이 본다
>
> 아이는 언덕을 단숨에 오르고
> 거꾸로 미끄럼틀을 탄다
> 숨이 목구멍까지 차오르는
> 맹그로브 나무
> 가파른 계단
>
> 건반이 튄다
> 버려진 지 오래된 고양이는
> 높은 도를 누른다
> 우리는 피아노 위에서 저녁이 된다
>
> —「우리는 피아노 위에서 저녁이 된다」 부분

시인이 떠난 자리에 남겨진 것들을 말하는 화자의 행위는, 각각 한 연으로 분리된 동사 '보인다, 본다, 깊이 본다'를 통해 구체화된다. 이는 단순한 동사의 나열이 아니라, 떠난 자를 향한 관찰과 인식의 심화 과정을 보여주는 장치다. 먼저 '보인다'

는 시린 말의 뼈나 허기질수록 울창해지는 말의 뿌리처럼, 눈에 들어오는 대상이 막연하게 드러나는 초기 시선을 뜻한다. '본다'는 사람들의 멜로디, 기울기, 점으로 사라지는 세부 과정들을 능동적으로 읽어내는 단계다. '깊이 본다'는 아이가 언덕을 오르거나 맹그로브 나무, 피아노 위의 저녁 같은 이미지 속에서 대상과 시적 감정이 융합되는 몰입적 시선을 나타낸다. 이렇게 짧은 단어를 한 행씩 나누는 형식은, 단계적 인식과 시적 체험의 심화를 시각적으로 보여주며, 결국 관찰이 삶과 존재, 언어와 시간 속으로 깊어지는 과정을 드러내는 장치가 된다. 무덤 앞이라는 장소가 주는 죽음과 회상의 분위기 속에서, 화자는 말의 뿌리, 사람들의 멜로디, 아이, 고양이, 계단, 피아노 등 다양한 이미지가 겹쳐 만들어내는 어둡지만 따뜻한 저녁의 감정을 바라본다. 우리는 '영원하지 않은 사라져가는 것'을 보고, 그것을 언어와 기억으로 붙들 수밖에 없다. 시인의 말과 피아노는 소리를 통해 이 덧없는 순간들을 간직하며, 사라져가는 존재들을 기록한다.

시의 제목은 음악적 이미지인 건반, 멜로디, 소리를 바탕으로 서로 다른 존재와 기억, 언어가 하나의 울림으로 합쳐지는 상태를 상징한다. '저녁'은 하루의 끝자락처럼 부드럽게 가라앉는 시간으로, 삶과 죽음, 회상의 감정이 어스름 속에서 하나로 스며드는 순간을 의미한다. 시인은 무덤 앞에서 주워 온 저녁을 바라보며, 비어 있는 말 속에서 감정의 뿌리를 느끼고, 삶의 층위와 사람들의 흔적이 스치는 모습을 관찰한다. 아이의 움직임, 언덕, 미끄럼틀, 맹그로브 나무, 가파른 계단 등 생동감 있는 이미지들은 삶의 속도와 경사, 존재의 힘과 약함을 드러내고, 피아노 건반과 고양이의 소리는 세상의 생명과 울림이 하나의 악기처럼 어우러짐을 보여준다. "우리는 피아노 위에서 저녁이 된다"는 문장은 서로 다른 소리와 움직임, 기억이 저녁놀 속에서 하나의 멜로디처럼 가라앉는 순간을 시적으로 형상화한 표현이다. 이 시는 존재와 언어, 시간의 깊이가 서로를 울리며 저녁이라는 한순간으로 모여드는 과정을 담고 있다.

희미해진다
어두워진다
흘러내린다

마지막 목소리가 녹아내리자
문을 닫는다

구름이 날개를 덮는다

보이지 않았다
아직도, 한 번도 닿을 수 없는 거리가

나타나지 않았다

오르골 소리는 더는 나지 않았다

—「오르골」 부분

인용 시는 누군가의 임종을 지켜보는 화자의 내면을 절제된 이미지로 포착한다. '희미해지고, 어두워지고, 흘러내리는' 순간들은 생이 서서히 꺼져가는 과정을 담담히 드러낸다. 요양병원에 누워 있는 '당신'은 이미 말과 기력이 흐릿해져, 오래 열어보지 않은 편지처럼 시간이 멈춘 상태에 머문다. 화자가 오르골을 감는 행위는 당신에게 닿으려는 마지막 시도지만, 그 소리는 이내 약해지며 사라진다. 흔히 청각이 죽음 직전까지 남는 감각이라 하지만, 더는 소리가 나지 않는 오르골은 생의 종결을 암시한다. 이 순간 화자는 죽어가는 이를 지켜볼 뿐 아니라 그의 감각과 상태를 부분적으로 체화하며, 죽음을 간접적으로 경험하는 듯하다. "마지막 목소리가 녹아내리자/문을 닫는다"는 장면은 그 끝을 받아들이는 행위이며, 동시에 아무것도 할 수 없는 무력함을 품고 있다. '녹아내린다'는 표현은 목소리가 희미해져 형태를 잃는 과정을, '문을 닫는다'는 것은 남아 있던 마지막 연결을 정리하고 죽음을 받아들이는 순간을 보여준다. 구름이 날개를 덮는 이미지는 떠오르지 못한 채 가려지는 영혼의 모습을 닮았고, '아직도 닿을 수 없는 거리'는 삶과 죽음 사이에 끝내 좁혀지지 않는 간극을 암시한다. 따라서 오르골 소리가 멎는 순간은 생의 끝을 알리는 장치이자, 화자가 붙잡고자 했던 마지막 연결이 끊어지는 조용한 작별이다.

박나나 시인은 죽음 앞에서 길을 잃는 순간 마주하는 어둠과, 그 어둠이 되살리는 기억을 자연스럽게 겹쳐 놓는다. 「블랙의 목례」에서 화자는 "조카를 바다에 묻고 돌아오던 날"의 흙투성이 벽을 떠올리고, 지하철에서 만난 "소녀는 캄캄하다"는 이미지 속에서 죽은 조카의 그림자를 본다. 장례식장을 나서며 마주한 '상복한 여자의 목례'를 받으며 화자는 '모두의 장례식'이라는 인식 속에서 길을 잃는다. 이 길 잃음은 「블랙홀」에서의 "눈을 뜨고 한 발 디뎠을 뿐인데/비밀처럼 길을 잃고 말았다"와 이어진다. 그곳에서 화자는 "끝을 알 수 없는 블랙홀" 속에서 감정이 산란하는 경험을 한다. 결국 "엉킨 생각들이 풀어지며/어둠 속에서 어둠은 살아난다"(「블랙의 목례」)는 마지막 구절은 죽음의 그림자가 소녀의 모습으로 되살아나는 순간과 호응한다. 이처럼 박나나의 시세계에는 바닥에 어둠이 늘 깔려 있어 길을 잃거나 헤매게 하지만, 동시에 잊힌(떠나간) 존재와 감정을 다시 살아 움직이게 하는 장소로 기능하는 공통된 감각이 존재한다.

2.

박나나 시인은 현실과 허구, 빛과 그림자, 존재와 결핍이 겹치는 공간을 탐색한다. 책갈피 속에서 걸어 나온 슐레밀, 낙관주의자가 빠져나간 자리, 돌아오는 길을 잃은 화자 등은 모두 자기 본질과 길을 잃은 존재로 나타나며, 사라진 그림자와 이름, 소리와 감각을 통해 내면의 결핍과 존재의 공허를 드러낸다. 시인은 이러한 상실과 흔적 속에서, 사라진 것들이 여전히 흔들리며 삶과 기억 속으로 되돌아오는 순간에 주목한다.

> 책갈피 속에서 걸어 나온 슐레밀
> 우리는 햇살을 받으며
> 네모반듯한 유리 정원을 향해 앉았다
>
> 그림자가 그림자에게 말을 건다
> 알아들을 수는 없지만
> 일그러진 표정을 짓는다
>
> 그림자를 팔고 후회하는 슐레밀을 읽는다
>
> 가면으로 덮었던 일그러진 얼굴
> 먼 곳에서 들려오는 동굴처럼 깊은 허밍

무엇들의 그림자를 만진다

물집처럼 고인 시간
응답으로 눈을 바라보고 있다

책에서 빠져나온다
슐레밀이 팔아버린 그림자를 찾을 수 없다

저기 그늘이 그림자를 끌고 걷는다

―「슐레밀의 그림자와 무엇들」 전문

그림자가 없다는 것은 곧 '나'라는 실체가 희미해졌다는 뜻이다. 그림자를 잃은 자는 세상 속에서 유령처럼 배회하는 존재가 된다. 시에서 '그림자를 판다'는 설정은 단순히 기괴한 사건이 아니라, 자기 본질과 정체성을 스스로 포기하거나 상실하는 행위에 가깝다. 흔히 그림자는 숨겨진 내면, 타고난 성정, 진짜 얼굴을 상징하는데, 그것을 팔아버렸다는 것은 본심을 잃고 껍데기만 남아 살아가는 상태를 의미한다. 그래서 슐레밀은 사람들로부터 소외되며 세상에 온전히 발을 딛지 못한 인물이 된다. 그러나 "저기 그늘이 그림자를 끌고 걷는다"는 표현은 한 번 버렸다고 믿은 정체성이나 상처의 흔적이 완전히 사라지지 않고, 다른 모습으로 여전히 존재를 뒤따

른다는 사실을 드러낸다. 즉, 버렸다고 생각한 내면의 일부가 오히려 더 견고하게 남아 삶의 뒤편에서 작용하는 역설이 나타난다.

시인은 아델베르트 폰 샤미소의 『그림자를 판 사나이』 속 슐레밀을 불러와 화자 앞에 앉히며 시를 시작한다. 책 속 인물이 책갈피를 뚫고 걸어 나오는 장면은 허구와 현실이 겹치는 순간이며, 화자가 슐레밀의 상실을 자신의 경험과 포개고 있음을 암시한다. 햇살과 유리정원처럼 밝은 공간에서 오히려 더 선명하게 드러나는 것은 그림자를 잃은 존재의 공허와 결핍이다. “그림자가 그림자에게 말을” 건네는 장면은 화자의 깊은 내면, 즉 가면 뒤에 숨어 있던 얼굴과 말해지지 않은 상처, 오래된 불안이 서로를 호출하고 응답하는 순간으로 읽힌다. 일그러진 얼굴과 동굴 같은 허밍은 흔들리는 자아를, “물집처럼 고인 시간”은 사라지지 않고 고여 있다가 다시 현재를 압박하는 기억을 상징한다. 이러한 이미지들은 그림자를 잃었다는 사실이 단순한 부재를 뜻하는 것이 아니라, 오히려 존재를 더욱 무겁게 붙잡는 또 다른 방식의 ‘그림자’를 만들어낸다는 점을 보여준다. 시인은 슐레밀이라는 매개를 통해, 인간이 자기 본질을 잃거나 잊고 살아갈 때 생기는 공허, 그리고 사라졌다고 믿어온 내면의 그림자가 끝내 되돌아오는 순간을 탐색한다. 이 시의 그림자는 단순한 결여가 아니라, ‘잃어버린 나’와 ‘여전히 나를 따라다니는 나’ 사이의 간극을 드러내는 상징적 장치이다. 시인은 그 틈에서 인간 존재의 어두운 깊이를 들여다보고 있다.

낙관주의자 하나가 빠져나간다

간직하고 있던 모서리가 뿔이 되려다 멈춘다
뒤집어도 흰빛은 돌아오지 않는다

달이다!
주름투성이 필레몬의 목소리를 들을 수 있겠지
상처 없는 목소리
막 허물을 벗는 순간이 올 거야

오늘의 기분은 창가에 놓인 꽃다발
부드럽고 달달한 슈크림

빨간 제라늄 꽃잎이 흔들린다
점점 투명해진다

당신이 선명해진다

—「그림자」 전문

이 시의 첫 행 "낙관주의자 하나가 빠져나간다"는 말은 단순히 긍정적인 사람이 떠난다는 진술이 아니라, 사물을 자신의 기대나 바람에 맞추어 보려는 태도가 자리를 비우는 순간을 상징한다. 어떤 관점·해석·의도도 개입하지 않은, '있는 그대로의 시선'이 가능해지는 자리가 열리는 것이다. 이때 "간직하고 있던 모서리가 뿔이 되려다 멈춘다"는 표현은 마음속에서 자라나던 왜곡된 해석이나 날 선 감정, 즉 무엇인가를 특정 방향으로 규정하려는 충동이 자라다 멈춘 상태를 가리킨다. 또한 "뒤집어도 흰빛은 돌아오지 않는" 현상은 시선을 어떻게 달리해도 더 이상 '순백의 의미' 즉 '내가 보고 싶었던 해석'이 나타나지 않음을 뜻한다. 억지스러운 낙관도, 덧어씌운 순수함도 더는 유지되지 않는 지점에서 화자는 "달이다!"라고 말한다. 이는 어떤 의미도 투사하지 않은, '그 자체로의 달'을 인식하는 순간이며, 편견 없는 시선의 발현이다.

그 '달'에서 화자는 "필레몬의 목소리"를 떠올린다. 엔데의 주름쟁이 '필레몬'은 타인의 겉모습이나 역할을 넘어 본질을 바라보는 존재(코끼리)다. 화자가 듣고자 하는 "상처 없는 목소리"는 해석과 판단 이전의 순수한 존재의 울림이며, "허물을 벗는 순간"은 그 본질이 드러나는 경계를 상징한다. "창가에 놓인 꽃다발"과 "부드럽고 달달한 슈크림"은 존재를 있는 그대로 바라볼 때 비로소 감각되는 작고 확실한 기쁨의 표식처럼 기능한다. 이는 과장된 낙관이 아니라, 선택적 지각이

걷힌 뒤 비로소 살아나는 일상의 실제 감각이다. 존재의 외피가 벗겨지고 본질이 드러나는 과정은 빨간 제라늄 꽃잎이 흔들리다가 "점점 투명해진다"는 장면으로 은유된다. 투명해진다는 것은 감정적 대상이나 관계 혹은 '너'라는 존재가 더 명확하게 보이기 시작한다는 뜻이다. 낙관이나 비관, 기대나 두려움의 필터를 벗겨냈을 때 비로소 드러나는, 당신의 진짜 모습인 셈이다.

3.

농담과 소문, 부러진 낱말들은 표면적으로는 가벼워 보이지만, 그 속에는 감정과 기억, 상처가 스며 있어 마음을 긁고 흔든다. 시는 이렇게 말이 남기는 흔적과 파편 속에서 인간 내면의 섬세한 감각과 불안을 이야기한다.

> 부러진 낱말들이 들끓었다
> 장난인 듯, 진담인 듯
>
> 귀를 파고드는 가려움증
> 파지처럼 가벼운 입술에서
> 언뜻언뜻 되살아나는

말, 말, 말들이 또 다른 말을 만나 알을 낳고 새끼를 치는
이 이상한 나라를 나는 농담이라 부를까

시간이 줄지어 일어서며
마법이 풀린 모서리는 피곤한 독설이 되기도 하고
의문부호로 나란히 누워 있기도 한다

농담은 농담일 뿐
그대로 받아들이지 못하는
고집스러운 입안으로 날벌레들 날아든다

아린 점들이 여럿 박힌다

웃음은 식어 비틀어지고
농담은 차갑게 돋아난다

—「농담은 농담일 뿐」 전문

농담이야말로 가장 진실된 전언(傳言)이다. 드러내놓고 말하기 어려운 내용을 농담의 형식으로 우회해 전달하기 때문이다. 그래서 농담 속에는 태도와 의지, 때로는 독설이나 의문이 함께 스며든다. '농담은 농담일 뿐'이라는 제목이 역설적으로 들리는 이유도 여기에 있다. 농담은 차갑게 돋아나지

만, 그 뼈가 누구를 향한 것인지 명확하지 않다. 이런 세계에서 언어는 더 이상 일상의 도구가 아니다. "부러진 낱말들이 들끓었다"는 표현처럼 말은 온전한 문장으로 형성되지 못한 채 부서지고 갈라지며 제멋대로 꿈틀댄다. 장난과 진담 사이를 오가는 이 말들은 화자의 무의식에서 튀어나오는 파편처럼 보인다. 귀를 간질이는 가벼운 촉감, 입술 위로 스치듯 떠오르는 말들은 농담이 감각, 기억, 억눌린 마음을 건드리는 몸의 반응에 가깝다는 것을 드러낸다. 이 말들은 단순한 전달의 매개가 아니라, 내부에서 되살아나고 번식하며 변형되는 생명체처럼 묘사된다. "말, 말, 말들이 또 다른 말을 만나 알을 낳고 새끼를 치는" 장면은 농담이 농담으로 끝나지 않고 새로운 감정과 의미를 낳는 자기증식적 성질을 상징한다. 시간이 줄지어 일어서고, 모서리가 풀리며 독설이나 의문부호가 되는 모습은 말이 발화되는 순간마다 의미가 새롭게 부여되고 뒤집히는 언어의 불안정성을 보여준다.

겉으로는 가벼운 웃음을 띠지만, 농담 속에는 본심과 상처, 숨기고 싶은 의도가 응축되어 있어 쉽게 독설로 치환되거나 때로는 해석을 보류하게 만드는 의문으로 굳어지기도 한다. 반복되는 "농담은 농담일 뿐"이라는 문장은 부정(否定)처럼 보이지만, 실은 그 반대를 드러낸다. 농담을 농담으로 받아들이지 못하는 화자의 예민한 감각, 즉 말에 숨은 뼈와 진심을 포착하는 심리가 발화된 것이다. 그래서 "고집스러운 입안으로 날벌레들 날아"드는 장면이 이어진다. 무시하려 해도 말의 잔여가 마음속으로 스며들어 작고 날카로운 상처를 남기기 때문이다. 웃음은 금세 식고 비틀어지며, 농담은 차갑게 솟아난다. 농담이 본래의 가벼움을 잃고, 그 속에 감춰진 뼈(비수 같은 진심)가 드러나는 것이다. 이처럼 박나나의 시는 언어의 이중성, 특히 농담의 차갑고 날카로운 본심을 탐색한다. 장난처럼 시작된 말이 서로 부딪치고 번식하며, 끝내 누군가에게 작은 상처를 남기는 과정을 정교하게 그려낸다.

떼어내려고 안간힘 쓰는데
어젯밤 꿈을 삼켜버렸다

뱉어낸 소문들이
발목을 물어뜯고 있었다

잡아 죽이려고 하는데
부풀었다 터지는 말의 입자들

고개를 들고 바라본 흐린 하늘
엉킨 구름들은 옹이가 되었다

툭툭 불거진 굳은 흉터에서

일그러진 목소리가 들렸다

소문에 기대지 마세요
개미들이 몸에 옮겨붙을 수 있어요

유령의 행렬 속으로 목소리가 사라진다

낡은 비밀이 일렁인다
나비는 그 자리에서 비틀거린다

긁어도 긁어도 가려운 말들

—「목소리의 행렬」 전문

시인은 확인되지 않은 말, 곧 '소문'이 한 사람의 내면을 어떻게 잠식하고 상처를 되살리는지 감각적으로 드러낸다. "떼어내려고 안간힘 쓰는데/어젯밤 꿈을 삼켜버렸다"는 문장은 지우고 싶은 기억과 말들이 꿈과 뒤섞여 깊숙이 스며드는 순간을 보여준다. 한 번 삼켜져 엉겨 붙은 말은 쉽게 제거되지 않는다. "뱉어낸 소문들이/발목을 물어뜯"는 장면은 입 밖에 나온 말이 돌이킬 수 없이 남아 되레 자신을 공격하는 상황을 형상화한다. 가벼운 정보처럼 흘러나온 말이 예상보다 무겁고 날카로운 결과를 남기는 것이다. "부풀었다 터지는 말의 입자들"은 말이 단순한 소리가 아니라 확대되며 파괴력을 갖는 실체로 변하는 모습을 은유하고, 이는 소문이 현실에서 증폭되는 방식과 정확히 대응한다. 흐린 하늘, 엉킨 구름, 옹이, 굳은 흉터 등은 오래된 말이 남긴 상처가 외부 풍경으로까지 번져 형태를 흐리게 하는 이미지를 구성한다. "툭툭 불거진 굳은 흉터에서/일그러진 목소리가 들렸다"는 것은 지나간 이야기조차 여전히 내면에서 아프게 울린다는 사실을 담고 있다. "소문에 기대지 마세요/개미들이 몸에 옮겨붙을 수 있어요"라는 경고는 확인되지 않은 말이 작은 벌레처럼 퍼지며 몸과 마음에 들러붙는 속성을 드러낸다. "유령의 행렬 속으로 목소리가 사라진다"에서 말은 주체를 잃고 정체 모를 존재로 떠돌며, 결국 다른 사람에게 새로운 상처로 내려앉는다. "낡은 비밀이 일렁"이고 "나비는 그 자리에서 비틀거"리는 장면은 오래 숨겨진 기억이 소문에 자극받아 흔들리는 순간을 포착한다. "긁어도 긁어도 가려운 말들"은 소문과 기억이 사라지지 않고 지속적으로 마음을 긁어내는 불편함을 상징한다. 이렇듯 시인은 소문이 퍼지는 방식과 그 후유증을 섬세한 이미지로 포착해, 말의 폭력성과 그 여파의 무게를 선명하게 드러내 보여주고 있다.

지금까지 살펴본 바와 같이 박나나의 시는 내면의 부서지고 흩어진 감정과 경험이 다시 자리 잡고 생명을 얻는 과정을 탐색한다. 퍼즐 조각처럼 흩어진 감정과 기억이 순간 속에서 다시 피어올라 내면의 조각들이 빛을 얻는다. 이러한 시적 자세는 일상의 무거움 속에서도 희망과 긍정을 놓지 않는 인간의 균형을 보여준다. 박나나 시인은 부서진 언어와 감정, 흩어진 기억 속에서 피어나는 생명과 감각, 빛과 어둠, 희망과 무력감이 서로 얽히며 내면 풍경을 이루는 모습을 정교하게 포착한다. 글쓰기와 일상, 내적 긴장이 겹친 경험 속에서, 화자의 내면은 조각난 것들이 다시 자리 잡고 성장하는 과정을 고요하지만 강하게 드러낸다. 그래서 이 시집엔 은은한 생명력과 존재의 흔적들이 진하게 새겨져 있다.

시인동네 시인선 268

우리는 그렇게 다정합니다

초판 1쇄 인쇄 2025년 12월 17일
초판 1쇄 발행 2025년 12월 24일
지은이 박나나
펴낸이 김석봉
디자인 헤이존
펴낸곳 문학의전당
출판등록 제448-251002012000043호
주소 충북 단양군 적성면 도곡파랑로 178
전화 043-421-1977
전자우편 sbpoem@naver.com

ISBN 979-11-5896-729-1 03810